CATALOGUE

DE LA RARE ET PRÉCIEUSE

COLLECTION D'ESTAMPES

ET DE

QUELQUES OBJETS DE CURIOSITÉ

DU CABINET DE FEU M. DRUON,

CHEVALIER DE LA LÉGION D'HONNEUR, BIBLIOTHÉCAIRE DE LA
CHAMBRE DES DÉPUTÉS.

Cette vente se fera au domicile de feu M. Druon, rue de l'Université, au palais de la Chambre des Députés, grande cour, escalier A, le lundi, 16 décembre 1833, à midi précis.

L'exposition publique de cette collection aura lieu, dans le même local, le dimanche, 15 décembre, de midi à 4 heures

---

LE PRÉSENT CATALOGUE SE DISTRI

A PARIS,

Chez M. GITTON DE LA RIBELLERI

COMMISSAIRE-PRISEUR, RUE DE PARADIS, N° 16, AU MARAIS;

Et chez M. DEFER,

MARCHAND D'ESTAMPES, QUAI VOLTAIRE, N° 19.

1833.

ABRÉVIATIONS.

Tr. gr.   pour très-grande.
Est. en larg. —— Estampes en largeur.
Est. en haut. —— Estampes en hauteur.
Tabl.   —— Tableau ou Tableaux.

L'astérisque(') placé près des numéros sert à indiquer les estampes encadrées.

AVERTISSEMENT.

La collection d'estampes dont nous donnons ici le catalogue, si elle n'est pas nombreuse, est du moins remarquable par le choix des morceaux dont elle se compose. Le goût de feu M. Druon pour les beaux arts s'est manifesté particulièrement pour les productions de la gravure au burin ; le désir d'élever un monument à la gloire des hommes qui ont exercé cet art à un haut degré de perfection, a présidé à la réunion des chefs d'œuvre qui composent sa collection. L'excellence de ce choix, dû en partie au conseil du savant Bervic, dont il était l'ami, est trop connu des artistes et amateurs, pour qu'il nous soit nécessaire de le leur rappeler par de pompeux éloges ; aussi nous bornerons-nous à ne donner ici seulement qu'une nomenclature des estampes qu'ils ont souvent admirées ; on y distingue, savoir :

Par des graveurs italiens : Le Parnasse, par *Marc-Antoine.* La Cène, l'Aurore, la Transfiguration, par *R. Morghen.* Plusieurs épreuves, avec différentes remarques, de l'entrée de Henri IV dans Paris, et Le Spasimo, par *M. Toschi.*

Par des graveurs allemands : La Vierge à la chaise, sainte Cécile, par *Muller père.* La Madone de saint Sixte, saint Jean, par *Frédéric Muller.*

Par des graveurs flamands et hollandais : Le Couronnement d'épines, par *S. à Bolswert.* La Tomyris, saint Roch, par *P. Pontius.* La Descente de croix d'Anvers, par *L. Wosterman.* Ecce Homo, et la Maitresse du Titièn; ces deux morceaux à l'eau-forte, par *A. Van-Dyck.* Le Carrosse, de *Romyn de Hooge.* Les Fumeurs, par *Schmidt de Berlin.* La Descente de croix d'Anvers, la Femme hydropique, par *M. Claessens.*

Par des graveurs français : La Madeleine, la Sainte Famille par *G. Edelinck.* Le Bossuet et Adrienne Le Couvreur, par *P. Drevet.* La Femme adultère, par *G. Audran.* Pomponne, par *Nanteuil,* Marin, par *Masson.* Le Laocoon, l'Enlèvement de Déjanire, l'Éducation d'Achille, le Louis XVI, et quelques portraits formant l'œuvre entier de *Bervic.* La Belle Jardinière, la Vierge aux rochers, la Vierge au donataire, la Vierge à la chaise, par *M. B. Desnoyers.* Hippocrate, sainte Cécile, les Sabines, par *M. R. U. Massard.* Le Serment des Horaces, Bélisaire, Œdipe, par *Morel.* Plusieurs épreuves, avec différence, du Gustave Vasa, par *M. Dupont.* Saint Michel, la Communion de saint Jérôme, par *M. Tardieu.*

Par des graveurs anglais : La Mort du général Wolf, et le Combat de la Hogue, par *W. Woollett.* Sainte Cécile et saint Jérôme, par *Strange.*

Tous ces morceaux sont, la plupart, épreures avant la lettre ou de remarques. Plusieurs proviennent des cabinets Rossi, Duperreux, Durand, Hurtault, etc., etc.

CATALOGUE

DE BELLES ESTAMPES,

ENCADRÉES ET EN FEUILLES,

DU CABINET DE M. DRUON.

ANSELIN (Jean-Louis).

Graveur au burin, né à Paris en 1754 et mort en 1823, élève d'Augustin St-Aubin.

1 *Molière lisant son Tartufe chez Ninon de l'Enclos, d'après le tabl. de Monsiau. Gr. est. en larg.

Épreuve avant la lettre.

AUDRAN (Girard),

Graveur à l'eau-forte et au burin, né à Lyon en 1640, mort à Paris en 1703.

2 *La Femme adultère, d'après le tabl. de N. Poussin, au Musée royal. Est. en larg.

Première et superbe épreuve avant les points placés dans la marge du côté droit de l'estampe.

BALECHOU (Jean-Joseph),

Graveur au burin, né à Arles en 1715, mort à Avignon en 1764.

3 *Sainte Geneviève, patronne de Paris, d'après le tabl. de C. Vanloo. Est. en haut.

Anc. épreuve avant les raies.

4 Portraits de Jean Julienne, d'après De Troy; Crébillon, d'après Aved. Est. en haut.

Deux épreuves du portrait de Jean Julienne; une est. avant la lettre.

BARTOLOZZI (François),

Dessinateur et graveur à l'eau-forte, au burin et au pointillé, né à Florence en 1728; élève de Jos. Wagner.

5' Le Massacre des Innocents, d'après le tabl. du Guerchin. Est. en haut.

Épreuve avant la lettre, les noms d'auteur et ces mots : *gravé à Lisbonne par F. Bartolozzi, à l'âge de 82 ans*, tracés à la pointe.

BAQUOI (Pierre-Charles),

Graveur au burin, né à Paris en 1761, mort dans la même ville en 182...

6' Saint Vincent de Paul, d'après le tabl. de Monsiau. Est. en haut.

Épreuve avant la lettre.

7' Le Martyre de saint Gervais et de saint Protais, d'après le tabl. de Lesueur au Musée royal. Très-gr. est. en larg.

Épreuve avant la lettre, les noms d'auteur à la pointe.

BERVIC (Charles-Clément Balvay),

Graveur au burin, né à Paris en 1756, mort dans la même ville en 1822; élève de J. George Wille.

8' Louis XVI représenté en pied et en manteau royal, d'après le tabl. de Callet. Gr. est. en haut., 1790.

Première épreuve avant la lettre, portant *l'autographe* de Bervic.

9' Laocoon, fils de Priam et prêtre d'Apollon, et ses deux enfants, enveloppés par deux énormes serpents; d'après le groupe antique d'Agesandre, Polydore et Athénodore, trouvé à Rome en 1506, dans les ruines du palais de Titus, sur le mont Esquilin à Rome. Est. en haut.

Épreuve avant la lettre, le nom de Bervic tracé à la pointe sèche. Cette estampe a été gravée pour le Musée français, publié par *Robillard, Peronville* et *Laurent*.

10' Laocoon.

Épreuve avant la lettre, le nom de Bervic tracé à la pointe.

11* L'Éducation d'Achille, d'après Regnault.—L'Enlèvement de Déjanire, d'après le Guide. Ces deux tableaux sont au Musée royal. Est. en haut., gravées en 1798,—1802.

> Épreuves avant la lettre.

12* Saint Jean dans le Désert, d'après le tabl. de Raphael, à la Galerie de Florence. Est. en haut., gravée en 1791.

> Épreuve avant la lettre, les noms d'auteurs tracés à la pointe.

13* L'Innocence, d'après Mérimée. Est. en haut.

> Épreuve avant la lettre et avant le camée, représentant le portrait de G. de Vailly, fondateur de la société des amis des arts, pour laquelle société cette estampe a été gravée.

14* L'Innocence.

> Épreuve avant la lettre avec le camée où est le portrait de Vailly.

15* La Demande acceptée, d'après le tabl. de Lépicié. Est. en larg.

> Épreuve avant toutes lettres et avant les armes.

16* Portrait du prince Massalski, évêque de Vilna, d'après Kymli. Est. en haut., 1780.

17* Portrait de Linnée, d'après Roslin ; 1779.

18* Portrait du comte de Vergennes, dessiné et gravé par Bervic, 1780. Est. en haut.

> Épreuve avant la lettre.

19* Portrait de Sénac de Meilhan, d'après J. Duplessis. Est. en haut. 1783.

> Épreuve avant la lettre.

20* Le petit Turc, d'après Wille fils.

> Estampe rare.

BLOTELING (ABRAHAM),

> Graveur au burin et en manière noire, né à Amsterdam, florissait dans le XVII° siècle.

21 Kortenaert, amiral hollandais, représenté vu jusqu'aux genoux, d'après Bart. Vander Helst. Est. en haut.

> Ancienne épreuve.

BOISSIEU (Jean Jacques de),

Peintre, dessinateur et graveur à l'eau-forte, né à Lyon en 1736, mort dans la même ville en 1810.

22 *Le Maître d'École*, composition de quatorze figures, à droite dans la marge D. B., 1780. — Tête d'homme d'après Van-Dyck, dans la marge D. B. *Scul. aqua forti 1770, tiré du cabinet de M. Fère à Lyon.*

Deux estampes, anciennes épreuves.

BOLSWERT (Schelte a),

Graveur au burin, puîné de Boëce à Bolswert, né à Bolswett, en Frise.

23 *Le Couronnement d'épines.* Ce morceau, l'un des chefs-d'œuvre de la gravure, est exécuté d'après un tableau de A. Van Dyck, actuellement dans la collection du roi de Prusse. Est. en haut.

Première épreuve avant les contre-tailles, au vêtement d'un soldat debout à la droite ; cette brillante épreuve est parfaite de conservation, elle provient du cabinet de M. *Rossi.*

24 *Le Couronnement d'épines.*

Épreuve avec les contre-tailles.

BOTH (Jean),

Peintre, né à Utrecht vers 1610, mort dans la même ville en 1650.

25 Une suite de quatre Paysages en hauteur, dessinés et gravés à l'eau-forte, par ce maître. — *Le Peintre graveur, par Adam Bartsch,* n° 1 à 4 ; 5° vol.

Anciennes épreuves, une est avec l'adresse de *Matham ex,* aux trois autres l'adresse est effacée.

CARON (M. Adolphe-Alexandre-Joseph),

Graveur au burin, né à Lille en 1797.

26 Portrait de la duchesse de Berry et de ses deux Enfants, d'après le tabl. de M. Gérard. Est. en haut.

Épreuve avant la lettre ; papier de Chine, les noms tracés à la pointe ; estampe gravée pour la société des amis des arts.

27 La duchesse de Berry.

> Épreuve avant la lettre, papier de Chine, les noms à la pointe.

28 La duchesse de Berry.

> Épreuve avant la lettre, papier blanc.

CLAESSENS (L. A.)

> Graveur au burin, né en Hollande.

29 La Femme hydropique, d'après le tabl. de Gérard Dow, au Musée royal. Gr. est. en haut.

> Épreuve avant toutes lettres.

30 La Descente de Croix, d'après le célèbre tab¹. de P. P. Rubens, dans la cathédrale d'Anvers. Tr. gr. est. en haut.

> Épreuve avant la lettre, les noms d'auteurs à la pointe.

DESNOYERS (M. AUGUSTE-GASPARD-LOUIS BOUCHER),

> Graveur au burin, né à Paris en 1779, élève de M. Tardieu.

31* La Vierge, l'Enfant Jésus et saint Jean; pièce *dite la belle Jardinière*, d'après le tabl. de Raphaël, au Musée royal. Est. en haut.

> Rare épreuve avant toutes lettres, seulement les noms d'auteurs.

32* La Vierge, l'Enfant Jésus et saint Jean; pièce *dite la Vierge aux Rochers*, d'après le tabl. de Léonard de Vinci, au Musée royal. Est. en haut.

> Épreuve avant la lettre.

33* La Vierge et l'Enfant Jésus reçoivent les prières du Donataire qui leur est présenté par saint Jérôme, saint Jean-Baptiste et saint François d'Assise. Pièce *dite la Vierge au Donataire ou de Foligno*, d'après le tabl. de Raphaël, dans l'église de *l'Aracœli* à Rome. Est. en haut.

> Épreuve avant la lettre.

34* La Vierge à la Chaise (*la Madonna della Sedia*); sujet composé dans un rond, d'après le tabl. de Raphael à la galerie de Florence. Est. en haut.

> Épreuve avant la lettre.

35* La Vierge et l'Enfant Jésus, à qui un ange présente le jeune Tobie; pièce *dite la Vierge au Poisson*, d'après le tabl. de Raphael peint vers l'an 1513, pour l'église de *san Domenico Maggiore* de Naples, acquis depuis par Philippe IV, roi d'Espagne. Est. en haut.

> Épreuve avant la lettre, sur papier de Chine.

36* La Vierge au Poisson.

> Épreuve avant la lettre, papier blanc.

37* La Foi, l'Espérance, et la Charité, d'après les tabl. peints en grisailles, par Raphael, pour l'église de *san Francesco* à Pérouse. Trois est. en larg.

> Épreuves avant la lettre.

DUPONT (M. Henriquel),

> Graveur au burin, né à Paris 1797, et élève de Berric.

38 Gustave Vasa, d'après le tabl. de M. Hersent. Est. en larg.

> Épreuve avant la lettre, papier de Chine.

39 Gustave Vasa,

> Épreuve avant la lettre, papier de Chine.

40 Gustave Vasa.

> Épreuve avant la lettre, papier blanc.

DREVET fils (Pierre Imbert),

> Graveur au burin, né à Paris en 1697, mort dans la même ville en 1739, élève de son père P. Drevet.

41* J.-Bénigne Bossuet, évêque de Meaux, représenté en pied et debout dans son cabinet : d'après le tabl. de Hyac. Rigaud. Est. en haut.

> Ancienne épreuve avant les points placés à la suite du nom du peintre, à gauche dans la marge de l'estampe.

42* Bossuet.

> Épreuve avant les points, mais remargée.

43* Adrienne Le Couvreur représentée à mi-corps, dans le rôle de

Cornélie : elle porte dans ses mains le vase qui contient les cendres de Pompée ; d'après Ch. Coypel. Est. en haut.

Ancienne épreuve avant l's placé à la fin du mot *modèle*.

DYCK (Antoine Van),

Peintre, né à Anvers en 1599, mort à Londres en 1641, élève de P. P. Rubens; Van-Dyck a gravé à l'eau-forte.

44* Le Titien considérant sa maîtresse; sujet de demi-figures, d'après le Titien; pièce gravée à l'eau-forte. Est. en haut.

Première épreuve avant les mots : *A. Bon Enfant exc.*

45* Le Christ au Roseau, sujet de demi-figures, composé et gravé à l'eau-forte par *A. Van-Dyck*. Est. en haut.

Première épreuve avant les mots *Aqua Forti*, après le mot *inuen*; elle provient du cabinet de M. *Durand*, dont elle porte la marque.

EDELINCK (Gérard),

Graveur au burin, né à Anvers en 1669, mort à Paris en 1707.

46* La Madeleine repentante, se dépouillant de ses riches vêtements et renonçant aux vanités du siècle, d'après le tableau de Ch. Le Brun, actuellement au Musée royal. Est. en haut.

Épreuve avant la lettre.

47* La Madeleine.

Épreuve avant la lettre, en mauvais état de conservation.

48* La Sainte Famille de Jésus-Christ; d'après le célèbre tableau, peint en 1518, par Raphaël, pour François I", roi de France : tabl. du Musée royal. Est. en haut.

Cette estampe, le chef-d'œuvre de Gérard Edelinck et première épreuve avant les armes de l'abbé Colbert, ne laisse rien à désirer pour la beauté et la conservation.

49* Philippe de Champagne, peintre, vu à mi-corps un rouleau de papier à la main, sur lequel est la date de 1668. Gravé par G. Edelinck en 1676, d'après Phil. de Champagne. Est. en haut.

Ancienne épreuve, rognée de marge.

FORTIER (Claude),

Graveur à l'eau forte, né à Paris en 1775.

5o Forêt vierge du Brésil, d'après le comte de Clarac. Gr. est.
en larg.

Épreuve avant la lettre sur papier de Chine.

51 La Forêt vierge du Brésil.

Épreuve avant la lettre, papier blanc, plus l'eau-forte de la
même estampe; deux pièces.

GARNIER (M. François),

Graveur au burin, né à Brest, élève de Berric.

52*Portrait de Charles X, d'après M. Gérard. Est. en haut.

Épreuve avant toutes lettres, papier de Chine.

53*Alexandre Iʳ, empereur de Russie, d'après M. Gérard. Est.
en haut.

Épreuve avant la lettre.

GARAVAGLIA (Giovanni), Italien,

Graveur au burin.

54*La sainte Vierge et l'Enfant Jésus, d'après San-Gimignano.
Est en haut.

Première épreuve avant toutes lettres, sur papier de Chine.

GIRARDET (Abraham),

Graveur au burin, né dans la principauté de Neufchâtel en
1764, mort à Paris en 1823.

55*La Transfiguration, d'après le tabl. de Raphael, actuellement au Vatican. Est. en haut.

Épreuve avant la lettre, les noms d'auteurs tracés à la pointe;
estampe gravée pour le Musée français, publié par *Robillard*,
Péronville et *Laurent*.

56 Mort du duc de Berry, le 13 février 1820, d'après le tabl.
de M. Fragonard. Est. en larg.

Épreuve avant la lettre, papier de Chine.

LIGNON (Etienne-Frédéric),

Graveur au burin, né à Paris en 1781, mort dans la même
ville en 1830.

57 Le portrait du Poussin, d'après le tabl. peint par lui-même.
> Épreuve avant la lettre, papier de Chine.

MASSON (ANTOINE),

> Peintre au pastel et graveur au burin, né à Thoury, près d'Orléans, en 1636, mort à Paris en 1700.

58* Marin Cureau de la Chambre, médecin ordinaire du roi, vu à mi-corps dans un ovale, la tête tournée vers la gauche; gravé en 1665 d'après P. Mignard.
> Première épreuve avant la contre-taille sur la joue droite.

59* Portrait vu à mi-corps de la duchesse de Guise, gravé en 168½, d'après P. Mignard.
> Première épreuve avant un petit lapin, gravé près du haut des armes, du côté du nom du peintre.

60 Les portraits de Marin, Patin, Dupuis, Michel Colbert, André Le Nôtre, gravés par A. Masson.
> Sept estampes, du portrait de Le Nôtre, deux épreuves, une est avant la lettre.

MASSARD père (JEAN),

> Graveur au burin, né à Belesme, dans le Perche, en 1740, et mort en 1822.

61* La Mort de Socrate, d'après le tabl. de David. Gr. est. en larg.
> Épreuve avant toutes lettres.

MASSARD (M. RAPHAEL-URBAIN),

> Graveur au burin, né à Paris en 1775.

62* Hyppocrate refusant les présents que lui offrent les envoyés d'Artaxercès, d'après le tabl. de Girodet, tabl. qui décore une des salles de l'École de médecine. Est. en larg.
> Épreuve avant la lettre.

63 Les Sabines, d'après le tabl. de David au Musée royal. Très gr. est. en larg.
> Épreuve avant la lettre, papier de Chine.

64 Les Sabines . . . .
> Épreuve avant la lettre, papier blanc.

65° Sainte Cécile, d'après le tabl. de Raphael, qui se voyait dans l'église de Saint-Jean *in Monte*, à Bologne. Est. en haut.

Épreuve avant la lettre.

66° Portrait en pied et assis de Louis XVIII, d'après le tabl. de M. Gérard. Gr. est. en haut.

Première épreuve avant toutes lettres, portant la signature de M. Gérard.

MASQUELIER (M. N.....),

Graveur au burin, né à Paris.

67 La Charité romaine, d'après Wicar. Est. en haut.

Épreuve avant la lettre, papier de Chine, les noms tracés.

MOREL (Alexandre),

Graveur au burin, né à Paris... mort dans la même ville en 182..

68 Le Serment des Horaces, d'après le tabl. de David, au Musée royal. Gr. est. en larg.

Épreuve avant la lettre, papier de Chine.

69 Bélisaire, d'après le tabl. de David, au Musée royal. Gr. est. en larg.

Épreuve avant la lettre, les noms à la pointe.

70 Œdipe, d'après le tabl. de Giroust. Gr. est. en larg.

Épreuve avant la lettre, papier de Chine.

71 Le Jugement de Salomon, d'après le tabl. de N. Poussin, au Musée royal ; et la Madeleine d'après le Guide. Deux est. la dernière en hauteur.

Épreuves avant la lettre, la première papier de Chine.

72 L'Enfant Prodigue, d'après le tabl. de Spada. L'Enfant Jésus et sainte Anne d'après le tabl. de C. Dolci. Deux est. la dernière en larg.

Épreuves avant la lettre, les noms d'auteurs tracés; morceaux gravés pour le Musée français.

MORGHEN. (Raphael),

Graveur au burin, né à Naples, mort à Florence en 1832.

73° La Cène, ou notre Seigneur à table avec ses disciples, prononçant ces paroles : *Je vous dis en vérité, que l'un de vous qui mange avec moi, me trahira;* gravé d'après la fresque peinte, par Léonard de Vinci, dans le refectoire des Dominicains, à Milan. Grande est. en larg.

Épreuve avant la lettre.

74* Apollon conduisant le char du soleil, *pièce dite l'Aurore,* d'après la fresque peinte, par le Guide, au plafond du salon de l'Aurore, dans le palais Rospigliosi, à Rome. Grande Est. en larg.

Épreuve avant la lettre.

75* La Transfiguration, sujet gravé en 1811, d'après le célèbre tableau de Raphael, actuellement au Vatican, à Rome. Gr. est. en haut.

Épreuve avant la lettre.

76* Saint Jean dans le désert, d'après le tabl. du Guide. Est. en haut.

Épreuve avant la lettre.

MULLER (JEAN GOTHARD V.),

Graveur au burin, né à Berhausen dans le Würtemberg, en 1747, élève de J.-G. Wille.

77* Sainte Cécile chantant les louanges du Seigneur; elle s'accompagne de la basse; devant elle, un ange debout tient un livre de musique; d'après le tabl. du Dominiquin, au Musée royal. Est. en haut.

Épreuve *dite* d'artiste, avant toutes lettres, gravée pour le Musée français.

78* La Madonna della Sedia, *dite la Vierge à la Chaise,* sujet composé dans un rond, et gravé à Stuttgard, sur le dessin de Dutertre fait d'après le tabl. de Raphael à la galerie de Florence. Est. en haut.

Épreuve *dite* d'artiste, avant toutes lettres, gravée pour le Musée français.

MULLER (FRÉDÉRIC),

Graveur au burin, né à Stuttgard, mort à Dresde en 1816, fils et élève de *J.-Got.-V. Muller.*

79* *La Madonna di San Sisto,* d'après le tabl. de Raphael à la galerie de Dresde. Gr. est. en haut.

Épreuve avant la lettre.

80* Saint Jean Évangéliste, sujet de demi-figure , d'après le Dominiquin, 1808. Est. en haut.

Épreuve avant la lettre.

NANTEUIL (ROBERT),

Peintre au pastel et graveur au burin, né à Rheims en 1630,
mort à Paris en 1678.

81* Pompone de Bellièvre, premier président, représenté à mi-
corps, tourné vers la droite ; portrait dans un ovale, d'après
Charles Le Brun.

Ancienne et belle épreuve.

82* Steenberghen, conseiller du roi, représenté à mi-corps dans
un ovale, gravé en 1668, d'après Duchatel ; portrait connu
sous le titre de l'*Avocat de Hollande.*

Première épreuve avant les quatre vers de l'Énéide sur la ta-
blette sur laquelle l'ovale est posé.

PONTIUS (PAUL),

Graveur au burin, né à Anvers, florissait dans le XVIIe siècle.

83* Thomyris faisant plonger la tête de Cyrus dans un bassin
plein de sang humain, d'après P. P. Rubens. Est. en larg.

Ancienne et belle épreuve.

84* Saint Roch intercédant pour les pestiférés ; titre : *Sancta
Roche ora pro nobis,* d'après le tabl. de P. P. Rubens ; exe-
cuté pour l'église paroissiale de Saint-Martin d'Alost. Est. en
haut. cintrée du haut.

Ancienne et belle épreuve.

POILLY (FRANÇOIS).

Graveur au burin, né à Abbeville en 1622, mort à Paris en 1693.

85* La sainte Famille, sainte Anne et le jeune saint Jean, d'après
le Poussin. Est. en haut.

Épreuve avant la lettre.

RAIMONDI (MARC-ANTOINE).

Dessinateur et graveur au burin, né à Bologne vers 1488, mort
en 1546.

86* Apollon assis sur le Parnasse au milieu des Muses et des plus fameux poëtes. Ce morceau, gravé sur un dessin de Raphael, est la même composition que ce maître a exécutée en peinture dans l'une des salles du Vatican, à quelques changemens près. Est. en larg. *Bartsch, vol.* 14, *pag.* 201, *n.* 247.

> Première et rare épreuve vigoureuse de ton et parfaite de conservation, d'une des plus belles pièces de ce maître; elle provient du cabinet de *M. Hurtault.*

REMBRANDT (Van-Rhyn dit),

> Peintre, né près de Leyde en 1606, mort à Amsterdam en 1674; Rembrandt a gravé à l'eau-forte.

87* *Ecce Homo,* ou notre Seigneur présenté au peuple par Pilate; la Descente de Croix. Deux est. en haut.

> *Catalogue de l'œuvre de Rembrandt, par A. Bartsch, vol.* 1, *n°.* 77, 81.

88* Portrait de Jean Lutma, graveur (N° 276.), et deux copies du grand et petit Copenol. Trois est. en haut.

RICHOMME (M. Joseph-Théodore),

> Graveur au burin, né à Paris en 1785.

89* La Vierge et l'Enfant Jésus, sujet dit *la Vierge de Lorette,* d'après le tabl. de Raphael. Est. en haut.

> Épreuve avant la lettre.

ROGER (M. Barthélemi),

> Graveur au burin et au pointillé.

90 La reine Marie-Antoinette d'Autriche, dessinée par Monanteuil en 1828, d'après Rosslin le Suédois. Gr. est. en haut.

> Épreuve avant la lettre.

ROMYN DE HOOGE ou HOOGHE,

> Peintre dessinateur et graveur à l'eau-forte, né à La Haye, florissait dans le XVII° siècle.

91* Le roi d'Espagne descendu de son carrosse pour rendre hommage au saint Sacrement, pièce dite *le Carrosse de Romyn de Hooge,* morceau dessiné et gravé à l'eau-forte par ce maître en 1635. Est. en larg.

> Très-belle épreuve.

SCHMIDT (George-Frédéric),

Graveur à l'eau-forte et au burin, né à Berlin en 1712, mort dans la même ville en 1775.

92 Les Fumeurs, d'après Ostade, 1757.

Épreuve avant la lettre.

SCHMUZER (Jacques),

Graveur au burin, né à Vienne, en Autriche, en 1729; élève de J.-G. Wille.

93* Mutius Scevola se brûlant le poing en présence de Porsenna; saint Grégoire refusant à Théodose l'entrée de l'église, d'après les tabl. de Rubens, au cabinet du prince de Kaunitz à Vienne. Est. en haut.

Épreuves avant la lettre.

STRANGE (Robert),

Graveur au burin, né aux Orcades en 1723, mort à Londres en 17..., élève de Le Bas.

94* Sainte Cécile, d'après le tabl. de Raphael qui se voyait dans l'église de Saint-Jean *in Monte*, à Bologne; la sainte Vierge, l'Enfant Jésus, la Madeleine et saint Jérôme d'après le tabl. du Corrège qui se voyait dans l'une des salles de l'académie à Parme, morceau dit *le saint Jérôme du Corrège*. Deux est. en haut.

Anciennes épreuves, marges rapportées.

TARDIEU (M. Pierre-Alexandre),

Graveur au burin, né en 1756, élève de J. G. Wille.

95* Saint Michel terrassant le Démon, d'après le tabl. de Raphael au Musée royal. Est. en haut.

Première épreuve avant toutes lettres, morceau gravé pour le Musée français.

96* La Communion de saint Jérôme, d'après le tabl. du Dominiquin qui décorait le maître-autel de l'église de Saint-Jérôme de la Charité à Rome. Gr. est. en haut.

Épreuve avant a lettre.

TOSCHI (P...),

Graveur au burin, né à Parme, élève de Bervic.

97 *Lo Spasimo di Sicilia*, d'après le tabl. de Raphael apparte-
nant au roi d'Espagne. Très. gr. est. en haut.

Épreuve avant la lettre.

98 *Lo Spasimo di Sicilia.*

Épreuve avant la lettre.

99 Entrée de Henri IV dans Paris, d'après le tabl. de M. Gérard, placé dans l'une des salles du palais du Louvre. Très
gr. est. en larg.

Première épreuve avant toutes lettres et avant les contre-
tailles sur le collet de l'homme, les mains jointes, à gauche de la
composition, avant les travaux sur la lettre H, qui se trouve sur
l'étendard, et avant les contre-tailles sur le manteau d'Épinay de
Saint-Luc; rare épreuve; hommage offert par l'auteur à M.
Draon; elle est sur papier de Chine.

100 Entrée de Henri IV dans Paris.

Épreuves avant toutes lettres sur papier blanc, mais seulement
avant les contre-tailles sur le collet et l'étendard.

101 Entrée de Henri IV dans Paris.

Epreuve avant la lettre papier de Chine, les noms d'auteurs.

102 Entrée de Henri IV dans Paris.

Epreuve avant la lettre papier blanc, les noms d'auteurs.

103 Vénus et Adonis, d'après le tabl. de l'Albane. Gr. Est. en
larg.

Epreuve avant toutes lettres, papier de Chine.

104 Portraits de *Vittorio Alfieri, Nicolò Macchiarelli,* d'après
Fabre et Santi di Tito. Deux est. en haut.

Epreuves avant la lettre, papier de Chine.

WILLE (Jean-George),

Graveur au burin, né à Kœnigsberg en 1715, mort à Paris
en 1807.

105 Le Portrait de J.-B. Massé, peintre, d'après L. Tocqué, 1775. Est. en haut.

> Epreuve avant toutes lettres; ce portrait se trouve en tête du Recueil des peintures de la galerie de Versailles, par Ch. Le Brun.

VLIET (Jean ou Isaac George Van),

Peintre, né à Delft, dans le commencement du XVII⁰ siècle; élève de Rembrandt. Vliet a gravé à l'eau-forte.

106* Le Baptême de l'Eunuque, d'après Rembrandt, 1621. Gr. est. en haut.

VOLPATO (Giovanni),

Graveur au burin, né à Bassano, florissait dans le siècle dernier; élève de F. Bartollozi.

107* Le Char de la Nuit, d'après le tabl. du Guerchin. Tr's. gr. est. en larg.

> Epreuve avant la lettre.

WOOLLETT (William),

Graveur à l'eau-forte et au burin, né à Maidstone en 1735, mort à Londres en 1785; élève de François Vivarès.

108* La Bataille de la Hogue (*the Battle at la Hogue*), d'après le tabl. de B. West, de la collection Grosvenor, 1781. Est. en larg.

> Epreuve avant la lettre.

109* La mort du général Wolf (*the Death of general Wolfe*), d'après le tabl. de B. West, de la collection Grosvenor, 1776. Est. en larg.

> Epreuve avant la lettre. Cette estampe et la précédente sont encadrées sous glace, elles proviennent du cabinet de M. Duperreux.

VOSTERMAN, dit *le Vieux* (Lucas),

Graveur au burin, né à Anvers en 1578.

110* La Descente de Croix, d'après le célèbre tabl. de P. P. Rubens, peint pour l'église cathédrale d'Anvers, 1620. Est. en haut.

> Première épreuve avant l'adresse de *Corn. Van Merlen.*

ESTAMPES

Gravées à l'eau-forte, au burin et à la manière noire; par et d'après différents maîtres.

ÉCOLE D'ITALIE.

111 Sujets de l'ancien et du nouveau Testament, de la Mythologie, sujets allégoriques, etc., gravés d'après les compositions de *Raphael, le Basan, le Titien, Paul Véronèse, Annibal* et *Louis Carrache, le Guide, le Corrège, l'Albane* et autres maîtres de l'école d'Italie, par Poilly, Farjat, Coëlmans, Lorenzini, Volpato, Cunego, etc, etc.

Vingt-deux estampes.

112 Dix-sept pièces, gravées par Cunego et autres artistes italiens, d'après les tableaux et compositions du *Dominiquin*, plusieurs font partie de la galerie Hamilton.

113 Sujets divers, d'après des maîtres de l'école d'Italie, dont plusieurs détachés de la galerie Hamilton, galerie de Florence, Musée français, etc. etc.

Treize pièces, quelques-unes avant la lettre.

114 Tableaux, statues et camées de la galerie de Florence, dessinés par *Vicar;* portraits de philosophes grecs, etc.

Vingt-neuf estampes, plusieurs avant la lettre.

ÉCOLE DE FRANCE.

115 Le Frappement du Rocher, l'Adoration du veau d'or, sainte Famille servie par des Anges; trois pièces, par E. Baudet. La Manne dans le desert, le jeune Pyrrhus, Pyrame et Thisbé, les Aveugles de Jéricho; quatre pièces par Chasteau. — Ravissement de saint Paul, Idole de Dagon renversée, Germanicus, etc, par Mariette, E. Picart, etc., d'après les tabl. de *N. Poussin.*

Douze estampes.

116 Sainte Famille, composée et gravée à l'eau-forte par *Loir*;
Jésus aux Olives, d'après *S. Bourdon*; Résurrection, d'après
Restout; Colère d'Achille, d'après *N. Coypel*; saint Bruno,
d'après *Bertholet*, et autres sujets d'après *Greuze, Boucher,
F. Perrier*, etc. par Audran, Chereau, Flippart, etc.

　　Dix-neuf estampes; de ce nombre quatre sont avant la lettre.

ÉCOLE DE FLANDRE ET DE HOLLANDE.

117 Thomyris, d'après *P. Rubens*; sainte Famille, d'après Van-
Hoeck, par P. Pontius.

　　Deux estampes, anciennes épreuves.

118 Immaculée Conception, Fuite en Egypte, la Vierge et l'Enfant Jésus, Paysage, Salvator mundi, d'après *P. Rubens*, par
G. Bolswert.

　　Quatre estampes, anciennes épreuves, la première et troi-
sième avec l'adresse de *Gillis Henderick*.

119 Le Christ descendu de la croix, d'après *Diepenbeck*; les
Docteurs de l'Église, la sainte Vierge, et Judith coupant la
tête d'Holopherne, d'après *P. Rubens*, par C. Galle.

　　Quatre estampes, anciennes épreuves.

120 La Flagellation, d'après *Diepenbeke*; David et Abigaïl; sainte
Véronique, Enlèvement d'Hippodamie et Flagellation,
d'après *Rubens*, par P. Bailliue.

　　Cinq estampes.

121 Albert d'Autriche, d'après *Rubens*, par Suydoerëf; le Sa-
tyre, d'après *Jordans*, par J. de Neefs; Jesus Maria, d'après
Van Dyck; David et Abigaïl, d'après *Rubens*; S. Sébastien,
d'après *Crayer*, gravés par Coëlmans Lommelin, etc., etc.

　　Dix estampes.

122 Paysages et animaux, d'après *Berghem* et *Vouvermans*, par
Danckerts, et J. de Wischer.

　　Vingt pièces, anciennes épreuves.

123 Études d'animaux, gravées à l'eau forte, par N. Berghem et Marc de Bye, et d'après, par J. de Wischer.

Vingt estampes.

124 La sainte Famille, la Circoncision, par Henri Goltzius; saint Christophe, d'après Lucas de Leyde; Susanne, d'après Rembrandt, par Moyreau; Copenol, d'après Rembrandt, et autres sujets par Plonski, Pether, Ridinger, etc. etc.

Douze estampes.

125 La Descente de Croix, d'après P. Rubens, par Guttemberg. Est. en haut.

Épreuve avant la lettre, pièce du Musée français.

PORTRAITS.

126 Portraits de François de Sales et Duvergier de Hauranné, par Morin.

Deux estampes, anciennes épreuves.

127 Bossuet, d'après Rigaud; Le Tellier, d'après Mignard; Pascal, Arnauld, d'après Champagne; Bignon, d'après De la Roue, gravés par Edelinck.

Sept estampes.

128 Le Bréviaire, d'après Vanloo; B. Keller, Arnauld, Delamet, et René Pucelle, d'après Rigaud, gravés par Drevet.

Sept pièces; de ce nombre le portrait de René Pucelle, avant et avec la lettre.

129 Louis XIV. 1670. Même personnage 1677, avec des fleurs de lys aux angles; Blanchart 1673, Mazarin 1659, De S. Brisson 1659, Richelieu 1662, Bouthillier 1662; Marin, Deneuville 1658, J. Nicolas Colbert 1673, Deturre, etc., etc. Douze portraits, la plupart peints et gravés par R. Nanteuil.

Anciennes épreuves.

130 Louis XIV, par Poilly; Pithon, par Vanschuppen, Blanchard, et autres portraits de divers personnages par Nanteuil.

Quatorze estampes.

131* Portraits de Ch. Le Brun, d'après Largillière, Racine, Lafontaine, d'après Rigaud, par Edelinck ; Boileau , d'après Depiles, par Drevet ; Rollin, d'après Coypel, par Balechou; J. B. Rousseau, d'après Aved, par Schmidt de Berlin ; P. Corneille et Malherbe, par Lubin ; Molière, d'après Coypel, par Cars, et Voltaire, d'après Latour, par Langlois.

Dix pièces, anciennes épreuves.

132 Les Portraits de J.-G. Wille, par Muller père, d'après Greuze; M. de Vergennes, par Bervic ; Fénelon, par B. Audran, d'après Vivien, et autres divers personnages gravés par S. Aubin, Chereau, Cathelin, etc. d'après Vivien, Rigaud, Nattier, etc. etc.

Dix-neuf estampes.

133 Saint Florentin, d'après Louis Tocqué , De Boullongne, d'après H. Rigaud, par Wille.

Deux estampes, la dernière avant la lettre.

134 Portraits de Louis XVIII, la duchesse d'Angoulême , Alexandre I", Henri IV, etc. etc., par Audouin, Bourgeois de la Richardière, etc. etc.

Six estampes.

135 Portraits de Docteurs Théologiens dont celui de Louis Chaubert, gravé par Fiquet en 1760.

Quarante portraits in-4° et in-folio.

136 Quatorze portraits gravés et lithographiés, dont ceux de Mad. Mirbel, par M. Dupont, de Mad. Barilli, par M. Masquelier, et autres divers personnages.

ESTAMPES DIVERSES.

137 La Vierge et l'Enfant Jésus, d'après Rubens, par Morghen; sainte Famille, d'après Murillo, par Romanet ; l'Apothéose de la Vierge , saint Joseph, d'après le Ribera ; l'Amour, d'après Vanloo ; Garde-à-vous, d'après A. Kauffman, par Massard ; Audouin, Porporati et Strange.

Six estampes, de ce nombre deux avant la lettre.

138 Vues de Paris, gravées par Demanne, Demartrait, épreuves coloriées.

139 The Campagne of Vaterloo illustrated with engravings London 1816, in-fol. fig. coloriées.

140 La statue et les bas-reliefs du monument érigé à la mémoire du général Foy, par David, sculpt., et Vandoyer fils, arch., gravée par Le Roux. Paris, Le Roux 1831. Une liv. in-fol. 7 pl.

TABLEAUX ET CURIOSITÉS.

141 Un portrait vu à mi-corps, du général Moreau.

142 Groupe de fruits.

143* Christ en croix, sculpté en marbre par F. Girardon en 1689. Hauteur de la figure, 20 pouces.

144 Notre Seigneur en prières, buste en marbre.

145* Christ en croix sculpté en ivoire. 19 pouces de hauteur.

146* Christ en croix, sculpté en ivoire. 17 pouces de hauteur, renfermé dans un très riche cadre avec ornement sculpté en bois et doré.

147 Christ en croix, sculpté en bois. 15 pouces de hauteur.

MÉDAILLES.

148 Portrait de Petrus Jeannin, G. Dupré, 1618, bronze.

149 Trente-une médailles en bronze frappées sous Louis XVIII, Charles X, etc. etc. Collection des Hommes Illustres.

150 Une médaille des consuls, frappée en arrêté du 30 floréal an X (20 mai 1802), en bronze.

151 Dix-huit médailles en argent, pour la chambre des députés, avec effigies de Louis XVIII, Charles X et Louis-Philippe Ier.

152 Une médaille en or frappée en 1818, 25 août, à l'effigie de Louis XVIII et celle de Henri IV.

153ᵗ Louis XVI, Marie-Antoinette, le Dauphin, Louis XVIII,
Charles X, le duc et la duchesse d'Angoulême, le duc et la
duchesse de Berry, le duc de Bordeaux et Mademoiselle;
portraits en biscuit de Sèvres; médaillons encadrés dans
des cadres en ébène avec ornemens dorés:

IMPRIMERIE DE BÉTHUNE, RUE DE VAUGIRARD, Nº 36, A PARIS.